통점痛點에서 꽃이 핀다

시산맥 기획시선 068

통점痛點에서 꽃이 핀다
시산맥 기획시선 068

_____

초판 1쇄 발행 | 2021년 03월 25일

지 은 이 | 홍하표
펴 낸 이 | 문정영
펴 낸 곳 | 시산맥사
편집주간 | 김필영
편집위원 | 오현정 강수 정선
등록번호 | 제300-2013-12호
등록일자 | 2009년 4월 15일
주   소 | 03131 서울특별시 종로구 율곡로 6길 36,
           월드오피스텔 1102호
전   화 | 02-764-8722, 010-8894-8722
전자우편 | poemmtss@hanmail.net
시산맥카페 | http://cafe.daum.net/poemmtss

ISBN 979-11-6243-163-4 03810

값 10,000원

* 이 책은 전부 또는 일부 내용을 재사용하려면 반드시 저작권자와 시산
  맥사의 동의를 받아야 합니다.

* 이 책은 교보문고와 연계하여 전자북으로 발간되었습니다.

통점痛點에서 꽃이 핀다

홍하표 시집

* 본문 페이지에서 한 연이 첫 번째 행에서 시작될 때에는 〈 표기를 합니다.

■ 시인의 말

하이얀 성찰의 시간 속,

반짝이는 별이 되고 싶다

허기진 영혼에 溫氣 스미어

상처는 꽃이 되어

그윽한 香 머금고 산다

통점痛點에서 꽃이 핀다

2021년 봄

홍하표

■ 차 례

1부 동백꽃 그리움

동백꽃 그리움 _ 019
떨켜 2 _ 020
통증痛症 _ 021
행복한 나그네 매표소 _ 022
그리움 피어나다 _ 024
꽃 핀 자리 _ 025
재灰의 수요일 _ 026
꽃이 아니네 _ 027
긴, 침묵의 노래 _ 028
나를 자른다自切 _ 030
나무의자 _ 031
북극성 그 너머 _ 032
동자꽃 _ 034
不二門에 들어서다 _ 035

2부 은비가 내리는

은비가 내리는 _ 039
노숙자 예수 Homeless Jesus _ 040
상처의 뿌리 _ 041
우화羽化를 꿈꾸며 _ 042
가시선인장 _ 043
사노라네 _ 044
늪3 _ 045
무섬 외나무다리 _ 046
이매二梅 _ 047
심학산尋鶴山에서 _ 048
행복 오선지 _ 050
백제의 미소 _ 051
미치광이풀 _ 052
전율 _ 054

3부 소금꽃

소금꽃 _ 059
꽃무덤 _ 060
하심 _ 061
등꽃 필 때 _ 062
'울지 마라, 아가야~' _ 063
살얼음판 _ 064
풀등의 노래 _ 066
천둥소리 _ 068
생강나무꽃 _ 069
벅수 _ 070
물 위에 쓴다 _ 071
떨켜離層 _ 072
배꽃梨花동산에서 _ 074
하지정맥류 _ 075

4부 헛꽃을 위한

고무신 배 _ 079

헛꽃을 위한 _ 080

카르멘Carmen _ 082

솔밭 사이 강물은 흐르고 _ 084

뿔고둥 _ 086

불꽃놀이 _ 087

푸른 항해 _ 088

물망초다리 위에서 _ 090

초록의 그늘 _ 092

흰나비꽃 _ 093

인동초忍冬草 _ 094

절정絶頂 _ 095

몰로카이 섬 _ 096

비밀정원 _ 098

■ 에필로그 | 홍하표(시인, 숲해설가) _ 101

1부

동백꽃 그리움

동백꽃 그리움[*]
– 동박새

동박새 슬피 운다 피울음으로
애절한 사랑노래 그리움 품는

언제 또다시 찾아들까,
송두리째 떨어져
피맺힌 동백꽃잎 물고
동박새 슬피 운다
그리운 아버지 품에 안겨
목메어 흐느끼며
하이얀 아버지의 혼백魂魄 속,
천상음악으로 울음 운다

붉은 울음꽃,
동백魂

[*] 어느 나라 포악한 왕에게는 후손이 없어 동생의 아들이 왕위를 물려받게 되어 있었다. 이것이 싫어 욕심 많은 왕은 직접 동생으로 하여금 아들을 죽이라고 명령했으나 아들을 멀리 떠나 보내고 자신은 자결하였다. 훗날 동생은 동백나무가 되었고 아들은 동박새가 되어 동백나무를 찾아들어 아버지의 넋을 달랬다고 전해진다.

떨켜離層 2[*]

늘 그 자리에 있길 바라지만
밑에서 밀고 올라오는 데에야
별수 없지
새순은 늘 내 머리 위에 피어
파릇하다는 말 더는
나를 위한 말 아니다
겨울나기 위해 나를 버려
다시 또 다른 나로
새로이 눈을 뜨는,

스치는 바람이
잠든 숲을 새롭게
눈뜨게 한다

[*] 잎이나 꽃잎, 열매 등이 식물의 몸에서 떨어질 때 서로 맞닿아 있던 부분에 생기는 특별한 세포층.

통증痛症

거침없이 마구 비 쏟아지던 날
새는 구두는 젖는 발에
너무나도 미안했다

젖는 발,
새는 구두가 너무 안쓰러워
구두 부둥켜안고, 빗물 되어
뚝뚝, 눈물 흘리며
중얼거리고 있었다

'지금 우린 지독한 통증을
건너고 있는 중이야……'

행복한 나그네 매표소

노오란 칠을 한 매표소 박스 안,
언제나 그는 가슴을 활짝 열어
행복의 길을 팔고 있습니다
造花이지만 개나리꽃 언제나
매표소 앞에 나앉아 방긋이
손님맞이하고 흘러나오는
흥겨운 노랫소리는 오가는 이들에게
오늘도 행복을 팔기 시작합니다

좌판대에는 담배, 신문, 각종 일용품
버스노선 알리는 번호와 운행그림판이
시간 알려주는 뻐꾹새와 눈웃음으로
뻐꾹이며 다정한 인사를 나누고 있습니다
옆 벽면에는 일상에 지친 이들 위해
샘물 같은 언어를 모아 묶은 그의 詩가
오가는 이들의 마음 비치는 거울이 되어
반짝이고 있습니다

연인들의 은은한 풀빛사랑처럼

詩는 그렇게 그리움의 미소로
아름다운 사랑을 기억합니다
포근히 감싸 안고 하늘 나는
새들에도 언제나 행복 빌어주며
축복의 나래를 펼쳐주곤 한답니다

그리움 피어나디
– 애기앉은부채

그리움도 지치면 꽃으로 피어나는가
한여름, 떨어져 내린 나뭇잎 뚫고
꽃 피웠다
부처님, 자주색 후광 업고
가부좌하고 앉은 부처 같은
애기앉은부채

사무치는 그리움,
잠시 부채 폈다 접으니
어느새 부채잎 사라지고
환생한 부처의 꽃 피었도다
오늘도 어두운 세상
임 향한 나의 마음,
사랑으로 꽃 피었나니!

꽃 핀 자리

빛 고운 날, 때죽나무꽃
작은 鐘 또는 별꽃으로
꽃잎 여는 5월의 향기,
꿈꾸는 사람들과 교감된 별은
下心으로 지상의 불 밝혀
환한 눈부심이로구나!

이제 흰 빛은 더 이상
순백의 魂만은 아니다
떨어져 쌓여 퍼져가는 건
별빛만이 아니다

눈부신 향기로 카랑카랑한
세상 만들어가는
세상의 中心 향해 피워 낸
너의 꽃 핀 자리,
너무 아름다워라

재(灰)의 수요일

에덴동산에 아담 이브
행복하게 살고 있었네

십자가 고상(苦像)에 끼어 있던
나뭇가지 태운 재를
이마에 십자가 그으며
신부님 말씀하시네
"사람아, 너는 흙에서
태어났으니 흙으로 다시
돌아갈 것을 기억할지어다!"

갯벌 위, 저만치 따로
뚝 떨어져 오랫동안 서 있는
한 마리 백로와 왜가리
無言의 침묵,
기나긴 묵상!
오랜 시간 잠겨 있네

꽃이 아니네

아름다운 건, 꽃이 아니네

허공 속으로 길 찾아 떠나는 가지

꽃자리, 잎자리에 풍성히
자리 내어주고 이웃 가지
푸른 길도 감싸 안고 포근히 내어주는,
흔들리면서 웃고 바람에 소식 전하며
굳센 의지로 무게중심 지켜 나아가는,

그 텅 빈 가지

아름다운 건, 꽃이 아니네 잎이 아니네

긴, 침묵의 노래
− 아롱이를 기리며

간밤의 찬 이슬
앞산 솔바람이 적시었나,
오늘 새벽녘엔 잎새에 인,
이슬이 더욱 차가웁고나!
습하고 어두운 먼 길
애써 돌아왔으므로 이 아침에도
너는 긴 밤을 자고 있구나
너의 잠결 속, 들녘 길엔 아직도
눈, 비가 오고 있느냐, 잠자면서도
밤새 등허리 위로 내려 쌓이던 눈,
자꾸자꾸 털어내고 있구나

불러도 이젠 대답이 없네
가까이 있을 땐, 따스하기만 했던
너의 숨결, 어둠 속에서도 빛나던 사랑
너로 해서 배웠었는데,

이젠 그날의 손길, 송이송이
그리운 마음 안고 끝나는 날까지

가슴속에 새기며 살아가리
살아가리라……

나를 자른다 自切

허름한 시장 입구, 좌판대 위에
올라앉은 해삼海蔘들
이유 없이 꼭꼭 찔러대는 아이들의
장난기에 내장을 전부 토해내었다

더 심한 충격이 다가오면 스스로
몸을 잘라낼 각오를 다지고 있다
지렁이의 몸이나 도마뱀의 꼬리
혹은 집게발이 떨어져 나간
게의 모습들 자꾸 떠오른다

천재화가 고흐가 스스로 자른 귀,
저 남녘땅에 하나같이 돌부처들
목이 잘려져 있는 까닭,
강을 지나 산 넘고 들을 건너
명상의 숲으로 나는 간다
점점 더 차오르는 굳은살
베어내고 보다 더 물컹해지기 위해
명상의 숲으로 이제 나 들어가고 있다

나무의자

사철 내내 너의 몸속엔
뜨거운 피 흘렀었다
지금 네 옆엔
또 한 그루 나무
무럭무럭 자라고 있다

의자가 된 지금 너는,
더욱더 뜨거운
가슴 지닌 聖者!

북극성 그 너머

북극성, 밝지만 가장 밝은 별 아니다
그 너머, 언제나 새로운 세상 또 하나
열려 있지, 밤하늘 중심 되는 고귀한 별
가장 고독한 별 북극성

무수한 별들, 동심원 그리며
북극성 중심으로 일주 운동해,
별들의 움직임 늘 신비롭고 환상적,
드라마틱 敍事詩
일대 파노라마!

피로에 지친 여행객들 발걸음 멈춰 서
어둔 밤하늘 올려다보는 등불,
그 중심 자리는 늘 허전하고 외로워
고독한 가슴 부여안고 반짝이는 북극성

반짝이는 별들의 푸른 영혼들
북극성 그 너머 새로운 또 하나의 별
허전히 서성이며 주춤대는 그림자 하나

어깨 걸어 다정히 그대 곁에 띠우는 일
찬바람 이는 오늘, 반짝거리며 별 헤는 밤,
또다시 찾아 길을 나서는……

동자꽃*

기다리면 끝내 오신다

아무도 오지 않는
깊은 겨울 산속

목메는 그리움 사무쳐
기다리다 지쳐 피었다 져도

오랜 기다림 끝,
동자승 넋으로
오신다 꽃과 함께

* 한겨울 식량 얻으러 떠난 노스님 기다리다 지쳐 죽은 동자승의 넋, 이듬해 봄, 동자꽃으로 피어났다.

不二門에 들어서다

"항상 깨어 있어라, 물고기처럼"

들판 너머, 푸른 종소리 울려 퍼져
우레 치니 천지간, 비구름 거두어
강산이 푸르도다

生과 死, 만남 이별,
헛된 생각 없으니 비로소
밝은 세상 되었도다

不二門에 들어서니
수많은 세월 누추한 껍질로
허물 벗는 백일홍나무,
밝은 지혜로 더욱더
붉게 빛나고 있다

2부

은비가 내리는

은비가 내리는

나비처럼 사뿐사뿐 흩날리는 은비

'바그너'나 '멘델스존'의 결혼행진곡
밝고 경쾌히 피아노 선율 따라
식장에 울려 퍼진다 하얀 드레스 속,
살포시 미소 지으며 수정처럼 맑은
눈망울로 신랑 바라보는, 수많은
속삭임 속 맺어진 사랑의 언약들

열일곱에 멘델스존은 〈한여름 밤의 꿈〉 보고
"환상의 꿈" 꾸기 시작했다 온몸 사르며 가벼이
흥분케 하는 선율, 하얀 드레스, 반짝이는 리듬에
맞춰 춤추듯 은비가 내린다 행복 가득한 반짝임,
서로의 눈빛에 스미는, 마음좀 마음 깊이 새기어
사랑 노래는 詩가 되어 무지갯빛 저 하늘 끝까지
타고 오르는…… 그 사랑 노래 울려 퍼지는 곳,
사랑이라는 축복의 은비, 온 하늘 가득 그곳엔
은비가 내리고 있었다

노숙자 예수 Homeless Jesus

숱한 순교자로 희생된 한국 천주교회
서소문 성지 안, 한구석 벤치 위
노숙자로 예수님 조각상 누워 계시다

얼굴, 발만 드러낸 채
얇은 담요로 온몸 두르고
누워 계신 예수님 말씀하신다
"굶주린 자, 목마른 자, 헐벗은 자,
병든 자에게 해준 것이 바로
나에게 해준 것이다"

예수님 발끝 옆에는
사람들 잠시 쉬어 가도록
앉을 자리 애써 마련해
남겨 놓으셨다

상처의 뿌리

반바지 입고 바위 오르다
상처가 났다 피 흐르고 피딱지
엉겨 붙어 꽃섬 하나 떠안았다
쓰라린 통증은 파고들어
哀歌만 부르게 되었다

꽃섬은 무늬가 되고
섬 가장자리는 부드러워져
조금씩 하얀 거품, 포말로 부서져 내려
아주 작은 섬 하나로 남았지만
중심의 축은 언제나 완강하기만 하다

고도의 응집력으로 끌어당기는
저 상처의 뿌리, 고독한 섬에서
꽃이 되어 말없이 살라 하는
삶의 의미 되새기는……

우화羽化를 꿈꾸며

화려한 큰 무늬날개 나비, 나뭇가지에 앉아
헐떡이며 가쁜 숨 고르고 있는 걸 본 적 있다
화려한 비상飛翔 위해선 어둡고 차가운 긴 세월
죽음의 길 거쳐야만 한다는 사실을,

가파르고 험한 세상 위해 날아오르는 나비,
꽃들에겐 새 희망 노래하며 그윽한 꿈 꾸는,
겨드랑이 양옆 간지러운 어느 봄날 오후

가시선인장

태양을 너무 사랑했기에
끓어오르는 熱氣 속,
몸 안 그득 고여 있는
수천수만의 팽팽한 수액
부둥켜안고 카랑카랑한
목소리 돋우며 찔리었던

통증의 자리 부여안고
꽃으로 피어 한 세상
뜨겁게 건너고 있다

사도 바울은 자기 몸에 가시가
하도 많아 그걸 거두어 달라고
간절히 기도드렸지만,
거두어들이지 않아 더 풍성히 福된 길로
나아갈 수 있었다 고백하였다

내 몸에 가시, 환희의 기쁨으로
파문 일으키니 흐르는 눈물
심히 두렵고 떨리나니

사노라네

그 山, 계곡엔 沼 하나
환한 눈부심으로 살고 있네
시원스레 뿜어대는 물줄기
작은 폭포 이루며 기뻐 사네

여름 山 초록빛으로 빛나네
꽃 피고 물 흐르며 파아란 창공
흰 구름 뭉게구름 흘러 다니네

山에서 우는 작은 새여,
꽃이 좋아, 물이 좋아
山에서 사노라네
기뻐 춤추며 사노라네

늪3

물고기들 뒤채며 질퍽거리는 소리
허공 속 날던 새들의 울음소리
결 삭여져 질척이며 가뿐 숨소리로
늪에 내려앉는다

개구리밥, 생이가래, 마름, 부들, 줄풀,
가시연들 사운 거리며 연주하는 협주곡,
푸른 힘줄 드러내며 몸 털고 부스스 일어서는
응축된 힘찬 소리, 축축이 젖은 生의 한 모퉁이가
침묵 속에서 막 깨어난다

만지작거리며 흔들리며 깊어지는 하루
내 속에 고여 있던 많은 생각들, 조금씩 녹아내리며
축축한 맨발로 엉겨 붙는다 언제나 늪은 그렇게
몽상적 질긴 뿌리로 내게 점점 다가서고 있다

무섬, 외나무다리*

무섬앤 無限 그리움 이는,

너와 나, 둘 아닌 섬, 외나무다리
짜르르~ 강한 외줄기 전류 흐르는

불꽃 심지로 타오르는 붉은 저녁놀
풍경風景은 풍경風磬이 되어 우는데
흐르는 물속으로 붉게 夕陽 빠져드네

* 영주시 문수면 수도리 내성천이 흐르는 곳.

이매二梅

모란꽃 피는 모란역 지나 이매역,
벽면에 그려진 두 그루 매화

하나엔,
매서운 추위 뚫고 피어난
하이얀 성찰의 시간 배어 있고
또 한 그루
패이고 긁힌 상처의 시간 속,
허기진 영혼에 溫氣 스미어
그윽한 香, 머금고 있다

통점痛點에서 꽃이 핀다

심학산 尋鶴山* 에서

갇힌 틀 속, 벗어나 하얀 깃털 세워 날며
궁에서 도망쳐 나온 鶴, 무슨 꿈 그윽이 꾸며
숨어 지냈을까?
그 궁금증 풀려 오늘 심학산에 오른다

정상에 오르니 유유히 흐르는 임진강과 통일전망대,
북쪽山 한눈에 펼쳐진다 어디선가 자벌레 한 마리
갑자기 나타나 허리 구부렸다 폈다 하며 소망이라는
그리움의 詩 열심히 쓰며 자로 재며 기어가고 있다

오른쪽 숲 아래, 조그만 대웅전 앞,
달마대사 조용히 웃음 짓고 계시다
소통과 相生, 온몸으로 추던 鶴의 춤사위
생각하셨던가? 춤 나부끼다 간 허공 바라보며
또 염화미소 지으신다 춤 사라지고 간 서녘 하늘
비취는 저녁노을, 그 노을 뒷모습이
너무나 아름다웠다

* 영조대왕이 궁궐에서 기르던 학이 달아나 이곳에서 발견되어 그 후 이 山을 심학산이라 부르게 되었다 한다.

행복 오선지

오선지에 '향기로운 삶'이라는
멜로디를 아름답게 그려 넣어요
꿈과 희망은 높은 음,
사랑과 배려는 낮은 음,
나눔이라는 눈썹 달린
행복늘임표는 우아하게
늘려 그려 넣지요

화음에 맞춰 부르는
우리 노래가 행복한 세상
반짝이며 환하니 비추고
말 테니까요

백제의 미소
―서산 마애여래삼존상

옛 흐르던 강물과 꽃
아직 마르고 시들지 않는,
눈웃음 방긋방긋 피어나는
연꽃이었다
'백제의 미소'로 불리는,

삶의 흔적 어우러져
우리네 삶터 굽어보는
산신령 같은 마애불,
환하고 둥글게
우리 가슴속에 피어나네
벙그는 연꽃들,
둥근 화엄세상이여!

미치광이풀[*]
– 미친 사랑의 노래

그늘진 산골짝 풀섶, 몸 낮추어 심호흡하고 있는
그댈 처음 만났네 진한 자줏빛 수줍음으로 곱게
피어나던 당신, 오가는 바람소리, 이따금 지나던
行人 발자국 소리에 반쯤 귀 열어 기다리던
그 눈빛, 잊을 수 없네

스산한 무대 뒤켠, 분장실 나오며 우렁우렁
울어대던 네 서늘한 목청소리, 곤곤한 봄날
毒 품은 풀 몇 송이로 솟았더라
미치광이풀로 솟았더라, 미친 듯 춤추고
노래하는 너의 그 통쾌함, 내 가슴속
서늘히 남아 아롱지네

오로지 꽃 피우기 위해 온 힘 다했을 뿐
그래서 피워 올리는 자주색 종소리
미친 세상을 향한 평화와 사랑의 종소리
들리지 않느냐? 문명이 발달할수록 복잡해져
전쟁 일으키고 권모술수와 쾌락, 오염들 일삼는
친구들아, 들어보시라 내 아름다운 푸른 종소리를,

오로지 한 길을 위해 한평생 뜨겁게 꽃 피웠느니라!

* 자줏빛 종모양의 꽃이 핌. 이 풀을 잘못 먹으면 미친 사람처럼 행동한다하여 붙여진 이름, 광대작약이라고도 함.

전율

새벽안개 자욱한 산비탈 오솔길
"푸드득 푸드득……"
놀란 산새들의 부단한 몸놀림,
산행길 줄곧 뒤쫓으며 길게, 때론
매우 짧게, 끊어질 듯 끊어질 듯
이어지는 요란한 음성으로 휘감고 드는,
풀리지 않는 의문투성이 모스 부호
계속 분주히 어디론가 타전해 보낸다

" -__- ___-_-_ __ _-_ "

등골 오싹, 머리카락 쭈뼛쭈뼛!
감전된 안개 속, 산책길 아침

3부

소금꽃

소금꽃

시퍼런 격정과 욕망을 버린 바다는
마침내 꽃이 되고 화엄이 되었다

저수지에 잠겨 있던 온갖 부유물들,
욕망의 수위 낮춰 잠재우느라
심한 몸살 앓기도 했다
수로의 물길 따라 지나오며
걸러지고 깊어져 마침내
피와 살 모두 내려놓으니
사리가 맺기 시작하더라

그늘도 햇볕에 녹으며 쓰라린
내면의 속울음마저 바람이
실어 나르니 환해지더라
폭염 속 구슬땀 흘리며
하늘만 우러러 긷던 늙으신 아버지,
염부의 구성진 노랫가락 귓가에 맴돌더라
꽃이 되어 별로 반짝이니 마침내 소금꽃,
화엄이 되더라

꽃무덤

절정과 주검은 하나로 통하는가, 꽃 피는
춘삼월, 꽃 지기도 전, 제 모가지 송이째
뚝뚝 분질러 낙화하는 꽃들의 마지막 이야기,
얼마나 눈물겹고 처연한 황홀함인가?
떨어진 이차돈의 목에선 하얀 피가 한 마장
높이 솟아오르고 갑자기 캄캄해진 하늘에선
꽃비가 환히 불 밝혔다네

찬란한 낙화, 뜨겁게 달구어진 그리움
불꽃처럼 피어올랐을까, 낙타의 뼈는
사막의 모래 속에서 꽃을 피운다
고즈넉한 산속 오솔길, 떨어져 쌓인
꽃잎들은 生의 절정을 제 무덤으로 삼는다
옛 임의 추억 같은 아슴한 꽃비 내리고
순교의 진한 향기 보석처럼 빛나 情炎으로
불 지피는 저 간절한 임의 눈빛,
남겨진 이들 가슴에 별 아롱지고
하늘에선 아름다운 오색 무지개
황홀한 꽃비가 내렸다네

下心

날마다 물이 되어
낮게 흐르게 하소서!

냇물, 江으로 가고
강물, 바다에 이르게 하소서

바다는 넘쳐나지 않아
江 같은 평화, 바다 같은 自由
내 맘속 깊이 아롱져 출렁이며
푸른 힘줄로 힘차게 흐르게 하소서!

등꽃 필 때

난 분분, 꽃잎 날리는 봄날 오후
시렁 타고 똬리 틀고 올라간 등나무 넝쿨
바라보며 불멸의 전설 이야기 생각해본다
"한 청년 두고 서로 짝사랑하다 죽어간,
두 자매는 연못가 두 그루 등나무 되었고
또한 죽어 팽나무 된 그 청년,
등나무가 팽나무를 감아 올라 피어대던
영혼의 사랑이야기"

연보랏빛 꽃줄, 줄줄이 허공에 내 건,
탱탱한 가슴의 꽃문, 포도송이처럼 벙그는
꽃봉오리 향기 감미롭다 그윽한 꽃내음
속에 들어 세상 얽힌 이야기, 마음 닦아
눈길 닿는 곳마다 환히 비추리

가을에는 진한 그리움 벗어놓고
그 긴 콩 꼬투리 속에 들어 희망과
꿈의 단단한 생명의 음표들, 향기 가득
영혼의 진동으로 환히 울려 퍼지게 하리

'울지 마라, 아가야~'

휘몰아치는 눈보라 속,
힘겹게 언덕고개 넘으시던
할머니 쓰러져 가없는
깊은 잠 드셨네
이듬해 봄, 양지바른 언덕
뽀송뽀송 자주색 비단옷
하이얀 머리칼로 꽃 피었네

'울지 마라, 아가야~'

'캄캄한 저세상, 이 몸으론
도저히 걸을 수 없는
꽃길이 따로 있단다
뒤늦은 네가 어쩜 안쓰러워
이렇게 내가 너를 바라보며
행복이 웃고 있을지도 모르잖니?'

살얼음판

금방이라도 폭삭 꺼져 내릴 듯한 호수 위,
한 발 살짝 얹고 서 있는 저 아스라한 힘!
칼금이 나 있다 언제 또다시 꺼져 내릴지
모르는 아슬한 침묵의 밤

비밀은 탐욕의 겹겹 옷가지들 쌓아 올려
한 꺼풀, 또 한 꺼풀 벗겨내려 애쓰지만
어둠 속에선 그저 어두움만 지속할 뿐,

그 곁, 비탈에 선 나무들 또한 추악한
심호흡으로 악취만 깊이 내뱉고 들이마시는
예행연습일 뿐, 세상은 어둠과 빛이 모여
출렁거리며 꽃 피운다는데, 또 다른 세상은
어둠도 빛도 아닌 설익은 말씀으로만
허공을 물들일 뿐, 오만과 침묵으로만
둘러싸인 어두운 밤,

차가운 머리 위로 더듬이 한 쌍
홀로 빛내며 세우고 가는

달팽이 한 마리
뜨거운 심장으로 어두운
정치판 위를 지나고 있다

풀등의 노래*

먼 육지로부터 부유물 조금씩 흘러내려 태곳적부터
시작된 리듬의 음률들은 켜켜이 쌓여 사라지지 않고
뭇 생명들 보듬어 푸른 음표로 살아가는 모래섬 있었다
푸른 바다 한가운데 밀물 물러나 썰물 시작되면 뭍도 바다도
아닌 시한부 모래섬 '풀등'은 신기루처럼 서서히 나타났다
사라지는 신비의 섬으로 떠오르게 되었다

물빛 따라 세 가지 색으로 변하기도 해, 갑자기 바닷물
위로 떠오르는 대왕고래의 등짝처럼 드넓은 모래섬은
신비롭고 환희에 찬, 은빛 裸身들로 경이롭게 눈빛 헤집는
그리움 안고 지금도 바다는 원시原始의 진행을 계속하고
있는 중이다

신발 벗고 맨발로 들어서는 낯선 모래사막,
아니 새로운 행성, 신세계 달 표면에 불시착했다
고여 있는 물웅덩이엔 소라 고동 각종 조개들로
짙푸른 생명들 보듬고 살며 산새들 옹알대며
깃 부비며 노래하는 곳, 상서로운 기운, 사방에

가득 찬 순결한 세상 끝없이 펼쳐지고 있다

바람에 실려 온 파도의 푸른 기억들, 바다에 피어나는
희망의 꽃들, 새록새록 풀등은 내 가슴속 슬픈 사랑을
새로운 삶의 노래로 탄생 시켜 주고 있다 이제 우리는
바람의 손을 잡고 이별을 맞이해야 할 시간, 슬픈 눈빛
거두어 찬란히 사라지는 그 모두에게 가장 아름답게
빛나는 불멸의 小曲으로 내 가슴 적셔주는 삶의 노래를
파도쳐 소리 높여 힘차게 부르게 하리

* 풀등 : 썰물 때에만 하루 두 번 드러나는 드넓은 시한부 모래섬 풀치라고도 함.

천둥소리
−Adam's apple

에덴동산,
금단의 열매
따 먹고 난
아담과 이브,

하늘에서

"아담아, 지금
너는
어디 있느냐?"

생강나무꽃

산길 오르는 바위틈 샘물가,
졸졸 흐르는 물소리 정겹습니다
어디서 날아왔나 청띠신선나비
한 마리, 허공을 빙빙 돌며 벽에
붙었다 바닥에 내려앉았다 이내
주위를 또 맴돌곤 하는 어느 봄날,

소곤소곤 가지마다 움트며
물오르는 소리, 초록바람이
한바탕 산허리 휘감고 돕니다
노오란 꽃술의 생강나무꽃
새봄을 여는 봄의 전령사로
가쁜 숨소리, 사뿐사뿐 들려오고
겨우내 움츠리고 얼어붙었던
생각과 행동에 훈훈한 온기 돌도록
강한 熱氣 불어넣는 그대여,

언제나 그대에게 나아가는 길은
밝고 환해 모든 따뜻한 것들 위한
행복의 길 활짝 열어놓고 있습니다

벅수

뿌리째 뽑혀 내둥굴리며
가슴 언저리 녹아내렸던
恨 많은 세월, 運 좋게
어느 조각가 혼의 숨결로
다시 살아난 온 천하 만물
굽어 살피며 소망 담아
하늘로 뿌리 뻗습니다
오, 눈부신 세상!

등 푸른 날들 아직 이르다
마을 어귀 어루만지며
패인 가슴 喜怒哀樂 껴안고
침묵으로 대변하는 엄숙한 합장,

흔들리지 않는 마음 세상 끝까지
팽팽히 끌어당기는 저 활시위 줄,
잠들지 못하는 오늘 밤, 어스름 달빛
팽나무에 높이 걸렸습니다

물 위에 쓴다

흐르는 물 위에 쓴다
사랑하며 살겠노라고,
소리 내어 흐르는 계곡물
리듬에 맞춰 詩 한 줄 얹는다
노니는 물고기들 송사리 떼
피라미 버들치…… 헤엄치며
눈부신 길 하나 활짝
열어놓고 있습니다

누리장나무꽃,
이 여름 生의 향기로
화들짝 피었다고
너에게 쓴다
물잠자리 날아와 앉아
새로이 꿈꾸고 요란한 매미
울음소리 늦여름 이야기로
떠들썩하다고 물 위에 쓴다

떨켜 離層*

지금 우리들 손엔 작은 병 하나 들려 있다
병 속엔 꽃도 잎도 아닌 촛불, 어둠 밝히며
타오르고 있다 새봄!을 갈구하며 찬란히
다가올 봄 기다리는 외침만이 촛불 밝히고
있다 필승!을 기원하며 외치고 또 외치며
길 따라 걷고 있다 뒤따라오는 촛불들에겐
항로표지로, 앞질러 가는 촛불에겐 든든한
배후가 되는, 전국 방방곡곡 촛불들
떨켜의 층으로 띠를 이루어가는,

어머니의 자리는 늘 정해져 있었다
외딴방 구석진 자리, 잎 떠나보내고
홀로 남은 빈 가지, 함께했던 시간의
두께는 벌 아닌 별로 남는 일,
너와 함께 내가, 별로 빛나
희망찬 새봄 여는 일,
사랑꽃 피우는 일,
영혼의 꽃 밝히기 위해
지금은 홀로 떨켜의 시간

보내는 일이다

아! 가을이다, 이제는
다가올 새봄 위해
끝까지 견뎌내야 할
인고忍苦의 시간이다

* 잎이나 꽃잎, 열매 등이 식물의 몸에서 떨어질 때 서로 맞닿아 있던 부분에 생기는 특별한 세포층.

배꽃梨花동산에서

오호라, 당신 오는 소리였군요
〈9월이 오는 소리〉로 스리 살짝 그리
소문 없이 오시다니요, 간밤 낮은 속삭임으로
꿈속 찾아들던 달콤한 그 목소리, 배꽃처럼
하얀 웃음이 바로 당신이 보내준 희망의 메시지였군요.
그래요, 우린 이미 배꽃을 너무 사랑하니까요

벚꽃 지고 난 후, 배꽃은 화려치 않게 조용히 피었다
사그라지는, 순박하면서 은근한 품격을 지닌 배꽃은
바로 우리들의 취향이지요 고요한 아침 햇살 몰고 온
어린 참새가 배나무 가지 위를 통통 튕기며 즐겁게
노래 부르던 모습, 새록새록 기억나시지요?
꽃 피는 5월엔 배꽃동산에서 우리 다시 만나 어린
참새처럼 다시 노래 불러봐요

은은한 향기로 가을빛 내음 안고 샤방샤방 걸어오는
당신, 9월 황금빛 배 열매 닮아 눈이 부시네요, 날마다
가슴에 달빛, 별빛 웃음 새기며 행복한 가을풍경 속에
풍덩 빠져보는 것도 좋지요, 세월이 새록새록 흘러도
당신이 주신 모든 행복 고이 간직할게요 고마워요……

하지정맥류

북한산 둘레길 걷다 만난 리기다소나무
여기저기 팔방으로 땅 위 솟아오른 뿌리들,
문어 다리 빨판처럼 둥근 무늬들
다닥다닥 붙어 있다

피어나는 하지정맥류, 울퉁불퉁
푸른 핏줄 그물처럼 펼쳐놓고
먹잇감 낚아채듯 호시탐탐 노리고 있다
피고 싶은 곳, 돋고 싶은 곳 모두
둥근 무늬나 푸른 핏줄 우뚝 솟아 펼치고 있는

허욕이라는 것, 봄부터 겨울까지,
햇빛과 시원한 바람 사이 막아놓고
너와 나 사이에도 언제든지
소용돌이 일으켜 피돌기 막고
헛된 욕망으로 솟아나 피어난다
어둠은 창공보다 더 넓고 깊어
푸른 슬픔 껴안고 항시 주위 맴돌며
우리를 호시탐탐 노리고 있다

4부

헛꽃을 위한

고무신 배

어머님이 남겨놓고 떠나신
고무신 한 켤레

고무신 닮은 배 한 척,
비구니 스님 손수 깎아 만든
그 배 위에 앉아
蓮잎 모자 쓰고 노 저어
연밭 호수 둘러보신다

꽃들은 염화미소로
화엄 세상 환히
꽃 등불 밝히시네

헛꽃을 위한
– 산수국

한겨울 모진 바람 속, 수의(壽衣)
색깔로 이제 갈아입고 땅을 향해
고개 숙이고 있네
저승길 아직 멀지 않았는데
차마 떨쳐버리지 못하고
침묵 속 잠겨 있네
돌아오는 새봄에 볼품없던
참꽃인 베갯동서 씨앗 본다면
안심하고 땅속으로 돌아갈 수 있기에,

야광 빛 파르스름 빛나던 호시절,
벌 나비 불러 모아 팔랑거리며
하늘 보고 화려한 꽃잔치 수(繡)놓아
숲길은 온통 눈부신 화안한 꽃길 열던,
웃음 뒤끝은 언제나 속울음 배어 있는……
어둠 끝머리엔 빛이라는 생각,
검은 베일에 가려진 얼굴,
빛나는 별꽃으로 피었다 사라진다
〈

내 영혼의 태반은 헛꽃,
적막 위에 헛꽃 하나 피었습니다
너무나도 눈물겨워 눈부신 그 헛꽃!

카르멘 Carmen*

저 자유스런 분방함,
치명적 마력 지닌 집시 여인
카르멘 그녀,
아리아 '하바네라' 부르며
정열적 춤, 불사조의 혼을 사르네
타오르는 불꽃, 그녀의 춤엔
집시의 피가 흐르고 있다
그 누구도 함부로 길들일 수 없는
자유로운 영혼, 원하는 곳 향해
한 마리 새 되어 훨훨 날아간다

사랑엔 여러 빛의 색깔 있는데
중독된 야망적 사랑의 빛깔은
고혹적 진한 선홍빛,
저리 붉은 뜨거움은
꽃잎의 울음으로 번져 나간다
우리 삶 속 흐르는 사랑과
자유는 어떤 그리움의 꽃불로
피워낼 수 있는 것일까

* 비제의 오페라 '카르멘'의 여주인공.

솔밭 사이 강물은 흐르고

1
장미꽃보다 더 어여쁜 메리 아가씨, '찰리'라는 청년
사랑해 행복한 꿈 꾸며 함께 살았네 포도주 익는
어느 가을날 돌아오겠노라 약속하고 떠난 그 청년
소식 끊겨 애태웠었네 이른 아침 날아든 비보 한 장,
떼꾼들에게 발견된 '찰리'의 시신, 급류에 휩쓸려
차페와강 하류에서 발견됐다네

2
솔밭 사이 강물 흐르고 그 길목엔 외로운 무덤 하나 생겨
오가는 이, 눈시울 적시는 눈물꽃들 하나둘 생겨났고
반전가수 평화운동가 "존 바에즈"의 애절한 노래는
내 맘속 슬픈 발라드로 솔밭 사이 깊이 사무쳐 흐르고……

3
한양 동대문 숭인동 동망봉에 매일 올라 청령포 어린 단종

계시는 영월 바라보며 슬피 울다 쓰러지는 정순왕후 송 씨,
 달빛에 부서지는 동강의 푸른 물결소리, 천추의 怨恨
 가슴 깊이 품은 채 만고의 외로운 魂, 달래며 말없이 흐르고
 푸른 솔숲 동강 물결소리 들으며 가슴 깊이 피어나는
 동강할미꽃, 푸른 강 그 물결 속, 그 옛날 떼꾼들 애달픈
 노랫소리는 지금도 슬피 솔밭 사이 강물 되어 흐르고……

뿔고둥

뿔고둥, 지금
뿔이 나 울고 있다!

이른 아침 바위밭
제 몸에 솟은 뿔,
청동빛 투구로 솟구쳐
빛나네,

제 몸의 뼈, 聖스런
피리소리 고운 흡,
天上音樂 환히
밝히는 줄 모르고,

불꽃놀이

펑! 펑!
불꽃놀이 한창이다
불갑사 오르는 길목,
붉은 마스카라의 애달픈
눈빛사랑,

불꽃으로 솟구쳐
속내 그리움 터져내는
강렬한 불빛사랑,
그 화사한 절창,
아, 꽃무릇!

푸른 항해

새해 정월 초사흘, 설렘과
그리움 안고 대양 카페리호 탄다
석양빛은 찬연히 물 위 붉게 물들이고
바다이랑은 거대한 화폭이 되네

짙은 섬, 나무들과 녹색 바닷빛은
먼발치 아래 떨어져 침묵 지키고
혼 사르는 회색빛, 긴 암벽 산허리들
푸른 하늘과 하나 되어 고운 님 가슴
파고들어 치솟고, 휘돌아드는 구름과
바다는 빛나는 푸른 눈으로 검붉은
바다 가슴 헤치어 영원으로 향하는
푸른 빛 띠며 그대의 진실한
사랑 되게 하시네

펼쳐진 바다 위,
무수한 저 點과 點들

수많은 담채淡菜양식장은 활짝 핀

연꽃, 흰 능선 이루며 장엄한 화엄세계,
뜨거운 가슴앓이 숨결,
오, 이 거룩한 바람이여
푸른 항해를 부디 축복해 주소서!

물망초다리 위에서

흐르는 강물을 바라보네
강물 속에도 옹이가 숨어 있네

파아란 하늘빛, 피어나는 물망초꽃
사랑하던 이, 마지막 인사말
"날, 잊지 말아요~"
꽃만 던지고 급류에 휩쓸려
죽어간 그 청년을 생각해보네

다시는 돌아올 수 없는
떠나고 남은 그 빈자리,
날마다 홀로 뒷산에 올라
풀을 따 물가에 던지며
마음 밭에 남몰래
사랑의 묘약 심어놓고
밀물져 차오르는 날이면
여울져 물망초 꽃빛으로
물들며 살고 있네
〈

그리움이여,
이제 물망초꽃 피었으니
흐르는 강물 속에 내 맘
환히 비추소서!

초록의 그늘

사춘기인가, 이리저리 방황하며 갈 곳 몰라
이 밤중 갑자기 나타나 헤매고 다니는 전철 안,
작은 딱정벌레 하나, 흔들리며 비틀거리고 있다
"앗, 위험!" 무심히 쳐다보다 이내 고개 돌리고 마는
많은 사람들, 한 중년 남자 발꿈치로 다가드니
구둣발로 완강히 밀어낸다 生과 死의 아찔한……
서늘하고 팽팽한 떨림의 순간, 집어 올려 엄지와
검지 사이 끼었더니 완강히 발버둥 친다
꼼지락거림은 내 가슴속 파도를 일렁이게 하고
환승역에 내려 어두컴컴한 비탈진 구석에 내려놓으니
올라가다 미끄러지며 어둠 속으로 사라진다

그 떨림의 가느다란 더듬이, 이젠 초록의 시간을 향해
발버둥 치며 애써 길 찾아 안전히 가고 있겠지……

어렵사리 탈바꿈의 오랜 시간 애써 건너온 그대에게
반짝이는 손 흔들어주는 내 눈은 깊은 초록의 그늘을
어루만지고 있었다

흰나비꽃

겨울 산에서 난 보았네
올라갈 땐 보지 못했던
그 꽃,
노을빛 하늘 아래
아린 기억들 끌어 모아
가슴 부비며 나풀나풀 나는
흰나비 꽃,

흰나비는 영혼 사르는
푸르른 魂의 숨결,
노을빛 머금고
숲의 노래 받들어
향기로움 머금고 살포시
흰나비꽃으로 사노라네

인동초 忍冬草

모진 고난 뚫고 아름답게 피어난
넌, 무척이나 향기로운 꽃이었나 보다,
수많은 시련 거두어 마침내 제 참모습
드러낸 아름다운 자태, 순백의 혼으로
훨훨 날아 유유히 우아하게 춤추며
하늘을 날아오르고 있구나

오늘 비록 힘들고 외롭더라도
값있고 향기로운 삶의 모습
내밀히 감추어진 그 너른 품속
순백, 영혼의 숨결로 살아 숨 쉬는
꽃과 향!

헌신의 사랑으로 초록의 가지마다
우아하게 나래 펼쳐 하늘을 훨훨
날아오르는 너는, 비상의 鶴!

절정 絕頂

서서히 달아오른 나뭇잎들,
깊은 신음소릴 내며 서서히
오르가슴에 도달하기 시작했다
붉다,

붉은 빛에 물든 生!

수평선 너머 하늘과 바다
붉은 빛으로 서서히 물든다
夕陽을 배경으로 한, 나무 아래
서로 부둥켜안은 젊은 연인들의
뒷모습, 붉다

붉은 빛에 물든 生!

몰로카이 섬*
― 聖다미아노 신부님

오랫동안 버려져 아무도 찾지 않던 천형天刑의 땅,
몰로카이 섬! 그 섬엔 하늘빛 향기로 하늘 門을 연,
다미아노 신부 살고 있었네
일생을 한센병 환자들의 뭉크러진
손과 발 피고름 짜내며 같이 생활해
복음전파 하던 聖者 다미아노 신부님,

촛불 켜고 기도하던 어느 날 저녁,
촛불 손등에 쓰러져 더 이상의 감각 모르게 되어
진정한 환우들과 하나가 되어 소통할 수 있게 됨을
비로소 크나큰 기쁨으로 받아들이고 마침내 나도
이들과 한 몸이 되었다고 감격해 하시던 신부님,
자신은 병에 걸리지 않아 이들의 고통을 온전히
받아들이지 못한다고 자책하시던 신부님,
소원대로 한센병으로 선종하시어 그들과 함께
그 섬에 묻히셨다

골고다 언덕을 넘어 절망과 분노는
평화와 축복, 희망을 노래한다

기념비에는 "벗을 위하여 제 목숨을 버리는
일보다 더 큰 사랑은 없다"는 聖句가
우리 마음속 깊이 새겨져 깊은 울림과
감동으로 다가오는

* 하와이 제도에 속하는 조그마한 섬으로 세계 나환자들이 살고 있다.

비밀정원
― 백사실 계곡

    서울 한복판, 오랜 비밀 간직한 그런 사람들 살고 있었네 맑은 물에 칼 갈아 씻고(洗劍亭) 창의문 부수고 진격해 광해 임금 몰아내고 새 임금 등극하였네 흰 달빛 숨소리 내지 않고 길 비추어 이끌며 이곳에 살았던 오성대감 白沙 이항복, 화려한 왕조의 운명 속, 하르르~ 하르르~ 흐르는 물결웃음 뒤에 가려진 물풀들의 숱한 사연들, 외로움도, 가난도, 내밀하게 정원으로 흐르던,

    지금도 푸르른 뭇 생명들 살고 있네 백석동천(白石洞天)이라 새겨진 바위 옆 오솔길 계곡, 하얀 피부의 너른 반석과 푸른 이끼 옷 입은 바위들 줄줄이 이어지네 상류엔 무엇이 부끄러운지 90도 가까이 고개 숙여 인사하는 나무와 풀들, 도롱뇽, 버들치, 맹꽁이…… 맑은 물살 속, 물푸레나무 잎새 가득 푸른 魂 배어 숨 쉬며 살아가는, 아직도 못 지운 물소리 초록의 불빛으로 터져 나오는 저, 비밀의 숲 백사실 계곡

■□ 에필로그

상처의 환한 그늘,
가벼워지기 위한 시간 속으로

홍하표(시인, 숲해설가)

　모든 게 다, 닿을 수는, 품을 수는 없는 것들, 다 만져지지도, 다 불러지지 않고, 건널 수 없는 것들, 이 모두를 우리는 사랑이라 부르자. 누구에게나 아름다운 시간은 있어, 그대에게도, 나에게도, 새에게도, 나무와 꽃에게도, 누구에게나 아름다운 시간은 있는 법. 기억하고, 추억하고, 서로를 감싸 안는 일, 그래서 힘이 되고 빛이 되는 일, 이 모두를 우리는 사랑이라 부르자.

1. 달맞이꽃 찾는 푸른부전나비

달을 홀로 사랑했던 요정, 모함 끝, 제우스의 노여움 사,
달 없는 곳으로 쫓겨나 죽음 맞았네 이를 불쌍히 여긴
제우스, 영혼의 꽃으로 만들어 달 뜨는 밤에 꽃 피우게
했으니 그 꽃, 바로 달맞이꽃이었다네

언제부턴가, 한 중년 남자, 뒷산에 올라 애달픈 가락,
피리소리에 담아 바람에 실어 보내곤 했는데, 곁엔
늘 목마른 그리움, 가슴 에이듯 달맞이꽃 닮은 그의
아내가 기울어지는 해처럼 머리 늘어뜨린 채, 남편
어깨 기대어 애틋한 향香 품어내고 있었네

애초부터 뜰 수 없었던 달덩이였던가?
찬바람 불고 싸리꽃 붉게 물든 저녁노을에
핏빛가슴 이울어진 채, 안개비 자욱이 내리던 날,
한 줄기 스치는 바람은 내게 말했네,

"날개 접었던 푸른부전나비, 어디론가
소리 없이 날아갔으며 달맞이꽃, 계절

바뀌었어도 다시는 피지 않았다."고

"기다림, 소원, 말없는 사랑"이란 꽃말의

달맞이꽃, 바람에 실은 가락 안고 떠난

푸른부전나비, 간간이 귓가 스치며

바람타고 오르는데, 어디선가 풍경소리,

푸른 기억 속에 들어 애잔히 울려 퍼져

꽃 나비 그림자, 내 맘속 깊숙이 파고드는

어느 가을 저녁,

- 「푸른부전나비」

2. 남아프리카에서 파도 타고 제주 넘어 온, 문주란꽃의 말

상처뿐인 온몸으로

아프리카 넘어

골고다 언덕에 올라

아아, 미치도록 푸르른 하늘

해와 달에 입 맞추고 싶어라

온갖 학대 받던 흑인들의 혼령,

꽃씨 되어 파도에 실려 백옥白玉색

은빛물결 수억만 리 떨어진

제주시 하도리 굴동 포구 토끼섬에

활짝 피어났어라

고통 받는 후손들이 안쓰러워

갈래갈래 목 길게 빼어

손잡고 고향 바다 향해

오늘도 그리움 피웠어라

애달피 꽃 피었어라

-「문주란꽃들의 말」

3. 그리움의 눈물꽃차 마시는

마음밭에 情을 놓았고 그 情에 마음을

그렸습니다 그 마음에, 그 情에……

서로를 그리움으로…… 서로 다른

그리움이지만 너무나도 같은 향기의

그리움이기에 서로 그 향기에 취할 수

밖에 없었습니다

냉장고 문이 열린다

냉동실 속, 얼려진 꽃들이

슬며시 깨어난다

얼음은 남몰래 흐르는

눈물이 되어 유리잔에

벚꽃 또는 유채꽃으로

피어난다

눈물 속에 떠나간 그녀의

아름다운 모습 기억하며

새로이 곱게 피어난다

- 「눈물꽃차」

4. 붉은 울음, 그리움의 꽃불

펑! 펑!

불꽃놀이 한창이다

불갑사 오르는 길목,

붉은 마스카라의 애달픈

눈빛사랑,

불꽃으로 솟구쳐

속내 그리움 터져내는

강렬한 불빛사랑

그 화사한 절창,

아, 꽃무릇!

- 「불꽃놀이」

한겨울 모진 바람 속, 수의壽衣옷 색깔로

이제 갈아입고 땅을 향해 고개 숙이고 있네

저승길 아직 멀지 않았는데 차마 떨쳐버리지

못하고 침묵 속 잠겨 있네 돌아오는 새봄에

볼품없던 참꽃인 베갯동서 씨앗 본다면 안심

하고 땅속으로 돌아갈 수 있기에,

〈

야광 빛 파르스름 빛나던 호시절, 벌 나비

불러 모아 팔랑거리며 하늘 보고 화려한

꽃잔치 수놓아 숲길은 온통 눈부신

화안한 꽃길 열던, 웃음 뒤끝은 언제나

속울음 배어 있는…… 어둠 끝머리엔 빛이라는

생각, 검은 베일에 가려진 얼굴, 빛나는 별꽃

으로 피었다 사라진다

내 영혼의 태반은 헛꽃, 적막 위에 헛꽃 하나

피었습니다 너무나도 눈물겨워 눈부신 그 헛꽃!

　　　　　　　　　－「헛꽃을 위한, -산수국」

5. 숲과 詩 속엔 자연 사랑의 질서 평안함이 공존

숲과 詩 속엔 질서와 휴식이, 고요와 평안함이 공존한다
흙과 바위, 나무와 풀로 이루어진 자연에는 거짓 없는
진실만 존재해 자연 속에서 정직하고 겸손하게 투철한
마음세상을 지니게 된다 숲과 詩는 화려한 세상을 꿈꾸지

않는다 고운 빛과 향기로 영혼의 하늬바람을 맞이할 뿐,
바람 한 잎 떼어 풍경風聲 울리고 벼랑 끝 길 길어올릴 뿐,
소란한 말 대신 내밀한 향기로 영혼의 노래를 부르게 한다

시퍼런 걱정과 욕망을 버린 바다는
마침내 꽃이 되고 화엄이 되었다

저수지에 잠겨 있던 온갖 부유물들
욕망의 수위 낮춰 잠재우느라 심한
몸살 앓기도 했다 水路의 물길 따라
지나오며 걸러지고 깊어져 마침내
피와 살 모두 내려놓으니 사리가
맺기 시작하더라

그늘도 햇볕에 녹으며 쓰라린 내면의
속울음마저 바람이 실어 나르니 환해
지더라 폭염 속 구슬땀 흘리며 하늘만
우러러 긷던 늙으신 아버지, 염부의
구성진 노랫가락 귓가에 맴돌더라
꽃이 되어 별로 반짝이니 마침내

소금꽃, 화엄이 되더라

　　　　　　　　　　　　　　　－「소금꽃」

봄의 시작과 끝을 알리는 라일락 꽃잎 앞에 섰습니다
숲해설가가 체험하러 온 젊은 연인들에게 해설을 시작
합니다 "꽃말은 젊은 날의 추억"이라고 하죠
꽃말처럼 정말, 젊은 연인들이 좋아합니다

"라일락 잎 한 번, 깨물어 보세요, 첫사랑 맛입니다
정말, 맛있습니다" 뜯어, 맛을 본 연인들 얼굴이
찡그러집니다 "어때요? 정말 제 말 맞죠? 첫사랑 맛~"

　　　　　　　　　　　　－「정말, 맛이 씁니다」

　인간과 자연이 어우러져 세상은 아름다워집니다. 얼마나 오래 이 향기가 우리의 곁에 있을까요, 이 작은 시집 한 권이 여러분 곁에 따뜻하게 다가가면 좋겠습니다.